ユニバーサルデザインでみんなが過ごしやすい町へ

③ 町のバリアフリー
ハンディーガイド・さわる地図ほか

【監修】白坂 洋一
筑波大学附属小学校教諭

汐文社

ユニバーサルデザインで みんなが過ごしやすい町へ

❸町のバリアフリー
ハンディーガイド・さわる地図ほか

もくじ

ユニバーサルデザインってなに？　4

🏰 東京ディズニーリゾート® には どんな工夫があるのかな？　6

東京ディズニーリゾートにほどこされた工夫 ——————— 8

東京ディズニーリゾートではこんなことに注意しよう ——— 11

東京ディズニーリゾートではたらく人に聞いてみよう ——— 12

🛣 道路にはどんな工夫があるのかな？　14

道路にほどこされた工夫 ————————————————— 16

道路を管理する人に聞いてみよう ———————————— 18

道路には危険がいっぱい ——————————————————— 20

ショッピングセンターには どんな工夫があるのかな？ 　22

ショッピングセンターにほどこされた工夫 ——————— 24

ショッピングセンターではたらく人に聞いてみよう ——————— 26

ショッピングセンターではこんなことに注意しよう ——————— 28

こんなところにもユニバーサルデザイン 　30

ユニバーサルデザインマップをつくろう ——————— 33

みんなで調べようユニバーサルデザイン 　34

さくいん 　39

★本書で紹介しているユニバーサルデザインの施設や設備は、すべての公共施設に設置されているわけではありません。

ユニバーサルデザイン ってなに?

すべての人が使いやすいデザイン

駅や学校、病院など、町にある建物や施設などには、みんなが過ごしやすい場所になるよう、さまざまな工夫がほどこされています。そのような工夫を、「ユニバーサルデザイン」といいます。

「ユニバーサルデザイン」の「ユニバーサル」には、「すべての人の」「普遍的な」という意味があります。つまり、「すべての人が使いやすいデザイン」というわけです。では、「すべての人」とは、どんな人でしょうか?

町に出ると、年齢や性別、国籍などのちがう、さまざまな人がいます。そのすべての人ができるだけ生活に支障のないように、環境をととのえるのが、ユニバーサルデザインの考え方といえるでしょう。

ユニバーサルデザイン
＝
すべての人が
使いやすいデザイン

この本では、子どもたちが「ユニバーサルデザイン」を探しに町へ出かけます。
では、「ユニバーサルデザイン」って、なにかわかりますか？
みんなが町で快適にくらすために、必要なものなのです。

私たちにできるユニバーサルデザインの第一歩

「ユニバーサルデザイン」は、「バリアフリー」とはちがい、お年寄りや障がい者などに配慮するだけではありません。みんなが過ごしやすい環境をつくることです。たとえば、多機能トイレは車いすを使う人だけではなく、ふつうの人でも使いやすいようになっています。駅の案内板を見やすくするのも、目の不自由な人だけのためではありません。

しかし、ユニバーサルデザインについて知れば知るほど、不自由な環境に困っている人がたくさんいることがわかるでしょう。そして、今は不自由さを感じていなくても、いずれ病気になったり、けがをしたり、年を取ったりすれば、不自由さを感じるようになるかもしれません。

ですから、みなさんも困っている人を見かけたら、「なにかお手つだいできることはありますか？」と声をかけ、自分のできる範囲でお手つだいをすることが大事です。それが、ユニバーサルデザインの第一歩なのです。

ヘルプマーク

2012年から東京都で配布がはじまった「ヘルプマーク」は、障がいのある人や難病の人、妊娠初期の人など、外見からはわからなくても援助や配慮を必要としている人が、まわりに知らせるために身につけるものです。このマークをつけた人を見かけたら、声をかけるなど、思いやりのある行動をしましょう。

東京ディズニーリゾート®には
どんな工夫があるのかな？

東京ディズニー
リゾートにきたよ！

ユニバーサルデザインを探して、東京ディズニーリゾートにやってきました。
パーク内には、いろいろな工夫がほどこされています。
どんな工夫があるのか、見ていきましょう。

シンデレラ城は
大きいね！

パーク内は
こうなっているのね

くわしくは、
次のページを
見てね！

東京ディズニーリゾートにほどこされた工夫

さわる地図

目に障がいのある人が施設の場所をさわって確認できるよう、でこぼこをつけた地図があり、車いすでも利用しやすい高さで設置されています。

多機能レストルーム

車いすでも利用しやすい広々としたトイレには、可動式の手すりや、オストメイト*用汚物流し、多目的シートなどが設置されています。

入口にはピクトグラム*がついているね

アトラクションのスケールモデル

目に障がいがある人のために、アトラクションのかたちなどをさわって知ることができるスケールモデルが用意されています。

*オストメイト：人工肛門や人工膀胱をつけている人。
ピクトグラム：ひと目で情報がわかるように工夫された絵文字。

🔍 車いす用の
パレード鑑賞スペース

車いすに乗ったままでも、視界をさえぎらずにパレードを見ることができるスペースが設置されています。

🔍 車いすのまま利用できる
アトラクション

車いすのまま楽しめるアトラクションがいくつかあり、キャスト＊の案内で利用することができます。

🔍 車いすのまま利用できる
プラットホーム

アトラクション「ウエスタンリバー鉄道」のプラットホームは、一部が高くなっており、車いすで乗り降りすることができます。

鉄道の乗降口の高さと同じになるんだね

注目！

＊東京ディズニーリゾートでは、お客さんを「ゲスト」、はたらいている人を「キャスト」とよんでいます。

🔍 ハンディーガイド

施設の情報を音声で案内したり、アトラクションのなかで流れるセリフや歌詞を字幕で表示したりして、目や耳に障がいがある人をサポートします。

🔍 手話プレート

パーク内には手話を勉強しているキャストがいます。ネームタグの下につけている「手話」と書かれたプレートが目印です。

こんな工夫もあるよ！

東京ディズニーリゾートのホームページからダウンロードできるんだ

インフォメーションブック

サービスや施設についての情報がまとめられています。

東京ディズニーリゾートでは
こんなことに注意しよう

⚠ お仕事中のアシスタントドッグを 見かけてもさわらない

体に障がいがある人をサポートする盲導犬や聴導犬、介助犬（アシスタントドッグ）は、パーク内に入園することができます。アシスタントドッグたちは、目に障がいがある人を誘導したり、耳に障がいがある人にまわりの音や危険を知らせたり、手足に障がいのある人の動作を助けたりします。パーク内で見かけても、さわらずに見まもりましょう。

⚠ パーク内を撮影するときは まわりに注意して

パーク内では、写真を撮影するときにカメラを固定する機材（三脚や自分撮りスティックなど）を使うことができません。ゲスト同士がぶつかったり、車いすを利用する人や目に障がいがある人などの通行のさまたげになったりするからです。また、撮影するときは、まわりの迷惑にならないよう気をつけましょう。

東京ディズニーリゾートではたらく人に聞いてみよう

ゲストに接するときの心がまえなどを、キャストのみなさんに聞いてみました。

お手つだいを必要とするゲストには、どのように対応するのですか？

パーク内の情報をしっかり把握し、ゲストの困っていることに適切な対応をします。

広いパーク内のことを覚えるのはたいへんそう

株式会社オリエンタルランド　パークサービス運営部　ゲストリレーショングループ
メインストリートハウス　スーパーバイザー　**西河 奈緒美**さん

　耳に障がいがあるゲストへの対応には、手話や筆談、口の動きから言葉を読み取ってもらう口話、ボディーランゲージなどを使います。また、パークには外国からのゲストも多くおとずれます。外国語が話せるキャストに対応を依頼したり、自動翻訳機やアプリなどを使い分けたりして、スムーズに対応できるよう心がけています。

車いすを使っている人も利用しやすいように、設計やデザインで工夫したところはどこですか？

株式会社オリエンタルランド　設計建設部　ショーデザイングループ

チーフスペシャリスト　畠山 功さん

　車いすで利用できるアトラクションや施設には段差をつくらずスムーズに移動できるようにし、水飲み器なども車いすでも利用しやすい高さとデザインに設計しています。また、障がいの有無を感じることなく「非日常の空間」を楽しんでもらうため、「バリアをバリアに感じさせない」デザインも意識しています。

お手つだいが必要なゲストのために、どのようなサポートを行っていますか？

株式会社オリエンタルランド　CS推進部　CS推進グループ

バリアフリープロデューサー　野口 浩一さん

　ゲストからの要望やキャストの意見も参考にしながら、サポートを必要とするゲストへのサービス面だけでなく、設備面の改善にも取り組んでいます。レストランでは、健常者も車いす利用者も、みんなが利用しやすい高さのカウンターに変更し、車いすのまま、カウンター越しに料理などを受け取ることができるようになりました。

道路には どんな工夫があるのかな？

ユニバーサルデザインを探して町を歩き、道路を観察してみました。

道路にも、いろいろな工夫がほどこされています。

矢印のところには、どんな工夫があるでしょうか。

くわしくは、
次のページを
見てね！

道路にほどこされた工夫

🔍 電柱のない歩道

電柱をなくして、幅のせまい歩道でも歩行者や車いすを利用する人が移動しやすいようになっています。

整備前　整備後

ここが少しへこんでいるんだ

注目！

🔍 車いす対応の縁石*

車いすやベビーカーの車輪が通りやすいよう、歩道と横断歩道の間にある縁石に、みぞがついている道路もあります。

* 「ふちいし」とも読みます。

🔍 いろいろな案内板

交差点や駅周辺には、行き先やまわりの地図など、歩行者の移動に役立つ案内板が設置されています。

🔍 歩道橋のエレベーター

歩道橋にエレベーターを設置して、車いすやベビーカーを利用する人も安全に移動できるようになっています。

車の多い道路は、歩道橋があると安全に横断できるね

このようなブロックをかみあわせた舗装を「インターロッキングブロック舗装」というよ

🔍 点字ブロックや 舗装された道

歩道や横断歩道には、目の不自由な人のための点字ブロックがほどこされています。また、歩道と車道をわかりやすくわけるように舗装した道路もあります。

注目！

こんな工夫もあるよ！

整備前　整備後

東京都江戸川区

段差のない歩道

段差をなくしたり、かたむきの角度をゆるやかにしたりして、車いすを利用する人やお年よりが安心して通れるようになっています。また、目の不自由な人が歩道とわかるように点字ブロックも整備しています。

道路を管理する人に聞いてみよう

使いやすく安全な道路について、道路を管理する人に聞いてみました。

みんなが使いやすい道路をつくるために、どのようなことをされていますか？

全国の道路を調査して、よりよい道路づくりを実現しているんだね！

一般財団法人
国土技術研究センター
道路政策グループ
竹本 由美さん（写真右）
白井 克哉さん（写真左）

全国の道路のバリアフリー化がどのくらい進んでいるのかを調査したり、各自治体の担当者に話を聞いたりして、道路の現状を確認しています。そのうえで、バリアフリー化の課題を探し、解決の方法を考えて、国に提案しています。

また、道路を利用するすべての人が安全に通行できるようにするための基準を考えたり、歩行者がスムーズに移動するために役立つ冊子を発行したりしています。

安全な道路をつくるために、どんな工夫をしていますか？

とよなかし　都市基盤部基盤整備課　計画係　**安藤 一真**さん

住民にも参加してもらって、意見を出しあっています。

　安心・安全な道路をつくるために、住民のみなさんの声をできるだけ取り入れようと、アンケート調査やワークショップなどを開催して意見を出してもらっています。

　また、住民や道路づくりにたずさわる人が参加する「バリアフリー推進協議会」をつくって、目の不自由な人のための音響信号や点字ブロックの設置、段差やかたむきのない道路づくりに取り組んでいます。車いすの人といっしょに道を歩きながら、段差やかたむきなどを調べることもあるんですよ。

みんなが使いやすく、歩きやすい道にするために、必要なことはなんですか？

北九州市　建設局　道路部　道路計画課　**池田 弘幸**さん

　車いすを利用する人にとっては、段差がないほうが移動しやすいのですが、目の不自由な人にとっては、あるていど段差があったほうが目安になって歩きやすいのです。

　このように、「これが正解」とひとつに決めることがむずかしいので、つねに試行錯誤が必要です。また、点字ブロックの上に自転車をとめないなど、使う人のマナーをよくするための取り組みも今後の課題です。

道路には危険がいっぱい

⚠ 点字ブロックの上に置かれた荷物や自転車

点字ブロックの上に置かれた荷物や自転車は、目の不自由な人の歩行のさまたげになり、転倒してけがをする可能性もあるためとても危険です。また、すべての場所に点字ブロックがあるわけではありません。困っている人を見かけたら、「なにかお手つだいしましょうか」と声をかけるなど、思いやりの心を持ちましょう。

⚠ 歩きスマホで衝突事故？

　歩きながらスマートフォンを操作する「歩きスマホ」は、前からくる人とぶつかったり、目の不自由な人の持つ白杖と接触したりするため危険です。

　また、自分がスマホを操作していなくても、前から歩いてくる人がスマホの操作に集中していないか、まわりに気をつけているかどうかに注意して、自分の安全をまもるための歩行を心がけましょう。

⚠ 歩道での自転車の走行

　自転車は法律上、「軽車両＊」としてあつかわれ、歩道と車道の区別がある道路では、車道の左側を通行するのが基本です（例外あり）。

　「自転車通行可」の標識がある自転車歩行者道は通行することができますが、自転車で歩道を通行するときは、車道に近いほうをゆっくりと進み、歩行者の通行をさまたげないように注意しましょう。交通ルールをまもった通行を心がけましょう。

＊軽車両：自転車、人力車、馬車などのエンジンを持たない車両のこと。

ショッピングセンターには
どんな工夫があるのかな？

ユニバーサルデザインを探しに、ショッピングセンターへやってきました。
おとずれる人の過ごしやすさを考えた工夫がたくさんあります。
矢印のところには、どんな工夫があるでしょうか。

ショッピングセンターにはどんな工夫があるのかな？

くわしくは、
次のページを
見てね！

ショッピングセンターにほどこされた工夫

🔍 館内の通路

お店とのさかいには段差がなく、車いすやベビーカーも入りやすくなっています。館内を案内する表示や看板があちこちにあります。

インターホンを押すと係の人と話すことができるよ！

注目！

🔍 触知板

出入口付近には、インターホンがついた「触知板」があり、目の不自由な人のために点字で館内を案内しています。

🔍 ベビールーム

乳児のオムツがえや、授乳をするための部屋があります。ミルク用の給湯器やベビーフードを温めるための電子レンジも置いています。

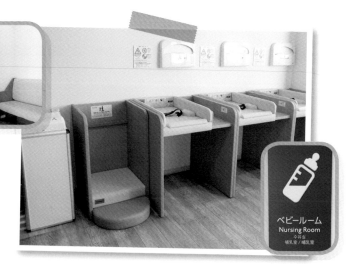

🔍 いろいろなイラストサイン

館内には、トイレやエレベーターなどの位置を示すイラストサインがたくさん。英語がいっしょに表示されているものもあります。

言語別のガイドマップも用意されているよ！

🔍 ベビーカーのレンタル

乳幼児をつれたお客さんが、館内で利用できるベビーカーを借りることができます。

生後2か月から3歳の子まで使えるんだって！

こんな工夫もあるよ！

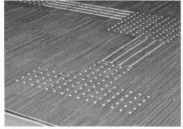

車いすのレンタル
インフォメーションカウンターには貸出用の車いすが用意されています。

点字ブロック
デザイン性を考えて色を工夫した点字ブロックもあります。

障がい者用の駐車スペース
障がい者用の車が使用できる駐車スペースです。

ショッピングセンター
ではたらく人に聞いてみよう

ショッピングセンター内の
つくりや設備の工夫につい
て聞いてみました。

建物の設計やデザインで、気をくばったところは
どこですか？

東武タウンソラマチ株式会社　施設管理本部　課長　**佐高 和貴**さん

　国内外からのお客さま、車いすやベビーカーを利用するお客さ
ま、目や耳が不自由なお客さまなど、どんな人でも快適に過ごせ
るように設計されています。お店の出入口には段差をもうけず、
車いすでも通れる幅にし、館内には車いすやベビーカーなどを使
用する方の優先エレベーターを設置しています。

館内には、さまざまなピクト
グラムが表示されています。

お店の人が、お客さんと接するときに気をつけて
いることはなんですか？

東武タワースカイツリー株式会社　オペレーションマネージャー（店舗運営担当）　久保田 礼美さん

　耳の不自由な方にはメモで筆談し、外国から
のお客さまの対応には音声翻訳機を使うことも
あります。必要なときにすぐに対応できるよう、
売り場全体の様子をいつも気にかけています。
体調不良のお客さまがいた場合は、館内の運営
スタッフに連絡し、スタッフ間で連携を取りな
がら救護室へ案内します。

インフォメーションカウンターの人は、外国語で
の案内もできるのですか？

東武タウンソラマチ株式会社　商業運営本部
米澤 佑梨さん

　外国からのお客さまも多いので、外国
語を話せるスタッフが多く、外国語表記
の案内ツールも作成しています。おとず
れる方に向けて、館内の案内をスムーズ
に行うのが私たちの仕事。新店舗や季
節ごとのイベント案内、お手つだいが必
要な方への対応のため、情報の共有と
知識の更新は欠かせません。

ショッピングセンターでは こんなことに注意しよう

⚠ 困っている人を見かけたら声をかけよう

ショッピングセンターはさまざまな人が利用する場所です。困っている人を見かけたら「お手つだいできることはありますか?」と積極的に声をかけましょう。

また、目の不自由な人のための誘導サインである点字ブロックに物を置いたり、立ち止まったりしないように気をつけましょう。

一人ひとりが「ユニバーサルデザインの心」を持つことが大切です。

⚠ インフォメーションカウンターで情報を得よう

インフォメーションカウンターのスタッフは、お店の情報をよく知る心強い存在です。「お店の場所がわからない」などの疑問や、「車いすやベビーカーをレンタルしたい」などの要望があれば聞いてみましょう。また、フロアマップやレストラン情報などの印刷物を置いていることも多いので積極的に活用しましょう。

⚠ 「みんなのトイレ」のマナーを守ろう

どんな人でも使える「みんなのトイレ」（多機能トイレ）ですが、車いすの人やオストメイトを利用する人などが優先です。一般のトイレを使える人はできるだけそっちを利用し、「みんなのトイレ」を必要としている人が気持ちよく利用できるように配慮しましょう。また「みんなのトイレ」を利用するときは、短時間での使用を心がけ、待っている人に対して思いやりを持ちましょう。

こんなところにも
ユニバーサルデザイン

ファミリーレストラン

ロイヤルホストなどの一部のお店では、アシスタントドッグ（11ページ）といっしょに入店できたり、点字のメニューを置いたりしています。また、規模の大きいお店では、多機能トイレや障がい者用の駐車スペースを設置しているところもあります。

目の不自由な人もわかる点字メニューがあります。

アシスタントドッグが入店できることを示すステッカーがはられています。

いろんな形のいすがついているね

ブランコは体幹の弱い子も使えるように背もたれをつけるなど工夫されています。

船形遊具は車いすに乗ったまま上まで上がれます。

公園

東京都にある都立砧公園などでは、障がいのある子もない子もいっしょに遊べる遊具の設置が進められています。また、地面にゴムチップをしきつめて、車いすなどが移動しやすくしたり、手やひざをついてもよごれないようにしたりするなど、さまざまな工夫がほどこされています。

ここまで町のいろいろなユニバーサルデザインを見てきました。
ほかにも、工夫がほどこされた施設がたくさんあります。
いくつかの例をご紹介しましょう。

ATMでは音声での案内もできるようになっています。

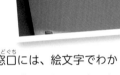

窓口には、絵文字でわかりやすいコミュニケーションボードがあります。

銀行

三井住友銀行では、目の不自由な人でも操作しやすいATM（現金自動預け払い機）や、車いすを使用する人が使いやすい入口やカウンターなどの工夫がほどこされています。また、窓口に筆談用ボードやタブレットを使った通訳システム、手つづきの内容を絵文字で記した多言語対応のコミュニケーションボードなどを置いているところもあります。

コーヒーショップ

スターバックス コーヒーの一部のお店では、車いすに乗っている人が安心して使えるように通路を広くしたり、テーブルの高さに工夫をしたりしています。また、耳の不自由なスタッフがいっしょにはたらくお店や、認知症の人やその家族が地域の人びとと交流できる「認知症カフェ」を開いているお店などもあります。

ハンディキャップのあるお客さんでも安心できるね

耳の不自由なスタッフが手話で接客をします。

STARBUCKS
Proudly served in sign language.

お店の看板が手話で表現されています。

寺社

歴史のある建物が多いお寺や神社でも、一部でユニバーサルデザインの取り組みが進められています。たとえば、スロープやエレベーター、多機能トイレなどを新しく設置したり、車いす専用の通路をつくったりしている寺社も増えています。

車いすを使用している人などが通りやすいよう、スロープが設置されています。

階段をのぼらなくてもお堂にいけるエレベーターがあります。

言葉がわからなくて不安を感じている外国の人でも、安心して観光できるね

海外からの旅行者向け観光案内所

日本の各地には、政府の関係機関である日本政府観光局（JNTO）が認定した「JNTO認定外国人観光案内所」が設置されています。案内所によってことなりますが、いつも英語で対応できるスタッフがいるところや、英語以外の言語にも対応できるところなどがあります。2020年9月現在、全国に1427か所の案内所があります。

ステッカーは、JNTO認定外国人観光案内所であることを示しています。

i

Tourist Information
観光案内所

ユニバーサルデザインマップをつくろう

みなさんの住む町には、どのような工夫がほどこされて
いるのか、調べた結果を地図にしてみましょう。

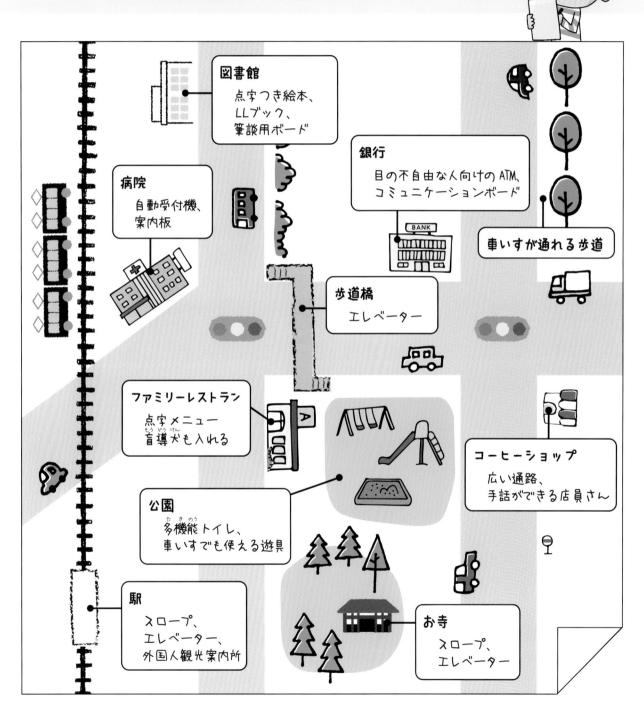

図書館
点字つき絵本、
LLブック、
筆談用ボード

銀行
目の不自由な人向けのATM、
コミュニケーションボード

病院
自動受付機、
案内板

車いすが通れる歩道

歩道橋
エレベーター

ファミリーレストラン
点字メニュー
盲導犬も入れる

コーヒーショップ
広い通路、
手話ができる店員さん

公園
多機能トイレ、
車いすでも使える遊具

駅
スロープ、
エレベーター、
外国人観光案内所

お寺
スロープ、
エレベーター

みんなで調べよう
ユニバーサルデザイン

✏️ 調べたことを発表しよう

　下の図は、これからみなさんが町のユニバーサルデザインについて調べたことを発表するにあたって、その進め方を記したものです。この本では、この流れにそって、調べ方を説明します。

　第3巻では、**5** について説明していきます。

---

1 ▶ 町にある工夫を見つける

∨

2 ▶ 興味を持ったことについて調べる

∨

3 ▶ 報告するための原稿の構成を考える

∨

4 ▶ 実際に原稿を書く

∨

5 ▶ みんなの前で発表する

みなさんが住む地域にある公共施設では、みんなが過ごしやすい場所になるように、どんな工夫がされているか、実際に調べてみましょう。そして、調べたことを発表しましょう。

5 みんなの前で発表する

第2巻では、第1巻で調べたことを発表するための原稿にまとめました。ここからは、いよいよ発表の時間です。

つくった原稿を、みんなの前で読んでみましょう。みんなの前だとつい緊張してしまいますが、リラックスして落ちついて読むことを心がけましょう。次のような点に気をつけながら読むといいでしょう。

①まずはリラックス

緊張すると声が出にくくなります。まずは深呼吸して、リラックスするところからはじめましょう。

②声の大きさを意識する

声は大きすぎず、小さすぎず、聞き手の人数や距離を考えて、聞き取りやすい大きさで話しましょう。また、明るくはっきり話せば、聞き手も興味を持って聞いてくれます。

③伝えたい内容を意識する

大事なことは大きな声でゆっくり話す、声に抑揚（強弱）をつけながら話すなど、発表の内容を理解し、伝えたいことにあわせて、声の大きさや話す速さを工夫しましょう。

④表現を工夫する

発表の前に、資料を黒板やディスプレイに掲示したり、プリントをくばったりしておき、発表中に「資料を見てください」などといいながら話すと、ただ話すだけよりも、聞き手に伝わりやすくなります。

感想を話しあおう

ひとりが発表をしているあいだ、ほかの人たちは聞き手となって、発表内容でよかったところや気になったところ、大事なところなどをメモしておきましょう。

発表が終わったら、メモを見ながら質問をしたり、感想を話しあったりしましょう。また、次のような点について考えてみましょう。

❶ 話を聞いてわかったこと
❷ 疑問に思ったところ
❸ どこがわかりやすかったか
❹ なぜわかりやすかったのか
❺ まねしたいところ

✏️ メモを取ろう

次のページにあるワークシートを使っ
て、友だちの発表をメモしてみましょう。

ワークシートを使うときは、必ずコピーし
て使うようにしましょう。

ワークシートの記入例

友だちの発表のメモを取ろう

名前

テーマ	ホームドアでみんなが過ごしやすい駅に
発表者	

① 話を聞いてわかったこと
- ホームドアは人や物が線路に落ちたり、電車と人がぶつかったりしないためにある。
- ホームドアの歴史はいがいに古かった。
- ベビーカーが実際にホームに落ちそうになったことがある。

② 疑問に思ったところ
- 1970年にはじめてできたのに、法律ができたのは30年もたってからなのはなぜか?
- なぜ、全部の駅にホームドアが設置されないのか?

③ どこがわかりやすかったか
- ホームドアを設置する理由がわかりやすかった。
- ホームドアのはじまりからバリアフリー法までの流れがわかりやすかった。

④ なぜわかりやすかったのか
- 車掌さんのように、現場の人の話が入っていたから。
- 資料の本をていねいに読んで、引用していたから。

⑤ まねしたいところ
- 緊張せずに落ちついて話しているところ。
- 歴史の流れを、順をおって説明しているところ。
- 最後にホームドアのない駅で気をつけることを話していたように、自分の意見をいうところ。

コピーして使ってください

発表をした友だちの名前を書く

疑問に思ったところは、あとで質問できるように細かく書く

わかったことを具体的に書く

まねしたいところは、自分が発表するときの参考にしよう

37

友だちの発表のメモを取ろう

テーマ	
発表者	

① 話を聞いてわかったこと

② 疑問に思ったところ

③ どこがわかりやすかったか

④ なぜわかりやすかったのか

⑤ まねしたいところ

さくいん

あ行

アシスタントドッグ	11,30
アトラクション	8,9,10,13
歩きスマホ	21
案内板	5,16,33
イラストサイン	25
インターロッキングブロック舗装	17
インフォメーションカウンター	25,27,29
インフォメーションブック	10
ATM	31,33
エレベーター	17,25,26,32,33
縁石	16
オストメイト	8,29

か行

外国人観光案内所	32,33
銀行	31,33
車いすのレンタル	25
軽車両	21
公園	30,33
コーヒーショップ	31,33
コミュニケーションボード	31,33

さ行

さわる地図	8
寺社	32
手話	10,12,31,33
手話プレート	10
障がい者用の駐車スペース	25,30
触知板	24
ショッピングセンター	22,23,24,26,28
スケールモデル	8

スロープ	32,33

た行

多機能トイレ	5,29,30,32,33
多機能レストルーム	8
通路	24,31,32,33
点字ブロック	17,19,20,25,28
点字メニュー	30,33
電柱	16
東京ディズニーリゾート	6,7,8,10,11,12
道路	14,15,16,17,18,19,20,21

は行

バリアフリー（化）	5,18
パレード鑑賞スペース	9
ハンディーガイド	10
ピクトグラム	8,26
筆談用ボード	31,33
ファミリーレストラン	30,33
プラットホーム	9
ベビーカーのレンタル	25
ベビールーム	24
ヘルプマーク	5
舗装	17
歩道	16,17,21,33
歩道橋	17,33

ま行

みんなのトイレ	29

や行

ユニバーサルデザインマップ	33

監修◆白坂 洋一（しらさか・よういち）

1977年生まれ、鹿児島県出身。鹿児島大学大学院修士課程修了。鹿児島県公立小学校教諭を経て、2016年度より筑波大学附属小学校教諭。全国国語授業研究会理事、「子どもの論理」で創る国語授業研究会会長を務める。著書に『言語活動を充実させるノート指導』(学事出版)、『「子どもの論理」で創る国語の授業−読むこと−』(明治図書出版) など多数。

＊**取材協力**：株式会社オリエンタルランド、一般財団法人国土技術研究センター、大阪府豊中市、福岡県北九州市、東武タウンソラマチ株式会社、東武タワースカイツリー株式会社
＊**参考資料**：国土交通省ホームページ、総務省ホームページ、文部科学省ホームページ、東京都福祉保健局ホームページ
＊**イラスト**：イクタケ マコト
＊**取材・文**：佐藤 有香（P.6〜29）、澤野 誠人（P.4〜5、P.30〜38）
＊**写　真**：株式会社オリエンタルランド（P.6〜13）、一般財団法人国土技術研究センター（P.16〜17）、茨城県（P.16 電柱のない歩道）、埼玉県熊谷市（P.16 車いす対応の縁石）、東京都江戸川区（P.17 段差のない歩道）、佐藤 有香（P.18）、大阪府豊中市（P.19 安藤氏）、福岡県北九州市（P.19 池田氏）、鈴木 智博（P.24〜25）、東武タウンソラマチ株式会社（P.26〜27）、東武タワースカイツリー株式会社（P.27 久保田氏）、ロイヤルホスト株式会社（P.30 ファミリーレストラン）、公益財団法人東京都公園協会（P.30 公園）、株式会社三井住友銀行（P.31ATM）、一般社団法人全国銀行協会（P.31 コミュニケーションボード）、スターバックス コーヒー ジャパン 株式会社（P.31 コーヒーショップ）、三重・専修寺（P.32 寺社）、日本政府観光局（P.32 外国人観光案内所）
＊**装丁デザイン**：西野 真理子（株式会社ワード）
＊**本文デザイン**：佐藤 紀久子、西野 真理子（株式会社ワード）
＊**製作協力**：株式会社ワード

ユニバーサルデザインで みんなが過ごしやすい町へ

❸町のバリアフリー　ハンディーガイド・さわる地図ほか

2020年11月　初版第1刷発行
2023年 3月　初版第3刷発行

監修者　白坂 洋一
発行者　小安 宏幸
発行所　株式会社汐文社
　　　　〒102-0071　東京都千代田区富士見1-6-1
　　　　電話 03-6862-5200　ファックス 03-6862-5202
　　　　URL https://www.choubunsha.com
印　刷　新星社西川印刷株式会社
製　本　東京美術紙工協業組合

ISBN978-4-8113-2787-7